PROCÈS

DE LA

GAZETTE D'AUVERGNE.

PLAIDOYER

De Mᵉ Rougier (Prosper),

AVOCAT A LA COUR ROYALE.

SÉANCE DU 17 MAI 1832.

Riom,

CHEZ THIBAUD, IMPRIMEUR-LIBRAIRE.

1832.

MOT PRÉLIMINAIRE.

LORSQUE je me chargeai, en partie, de la défense de la *Gazette d'Auvergne*, je m'imaginai qu'il s'agissait uniquement de savoir si ce journal avait excédé, oui ou non, les limites de son droit politique; et comme j'étais bien convaincu que ces limites n'avaient pas été franchies, je cherchai ailleurs que dans les articles incriminés la véritable cause du procès intenté à la *Gazette d'Auvergne*. Je crus l'avoir découverte dans le système de persécution que le gouvernement semble avoir adopté, depuis bientôt deux ans, contre tous les écrivains de l'opposition, quelque soit d'ailleurs leur drapeau. Et en même temps j'essayai de démontrer que la situation de ce gouvernement était telle, qu'il était contraint de poursuivre incessamment la liberté de la presse.

De cette démonstration, dépendait le résultat du procès. C'est aussi sur ce point que j'avais dirigé mon principal effort, et j'avais été conseillé d'écrire mon plaidoyer, afin de ne rien dire qui ne fût en harmonie avec la gravité de la discussion.

M. l'Avocat-Général, au lieu de se placer sur ce terrain, s'est livré aux récriminations les plus acrimonieuses contre un passé qui n'est plus, et que personne n'avait entrepris de défendre. Il a exhumé, dans un langage véhément, des souvenirs funestes, dont il a fait souvent une application injuste, et qui dans tous les cas, n'avaient aucun rapport avec les faits de la cause. Ainsi, pour persuader à MM. les Jurés qu'il fallait condamner la *Gazette* sur une question de doctrine, il est allé rappeler la mort déplorable du maréchal Ney, dans un moment où le gouvernement l'a en quelque sorte sanctionnée, en refusant aux enfans de cet illustre guerrier la triste consolation de réhabiliter la mémoire de leur père.

Je n'étais pas chargé de répondre, mais on a dû réfuter victorieusement de pareils écarts, et ramener la discussion dans le cercle d'où elle n'aurait jamais dû sortir.

Il nous a semblé que M. l'Avocat-Général, dans l'entraînement de sa réplique, avait quelquefois oublié les exigences de sa position personnelle. Le magistrat, lorsqu'il siége, représente un intérêt d'ordre social, et non un intérêt de parti. Il n'y a pour lui ni *Carlistes*, ni *Bonapartistes*, ni *Républicains*; il n'y a que des citoyens, à qui il doit une égale protection. Il était donc inutile de désigner sous des dénominations odieuses, une classe entière de personnes, et d'ajouter, avec un accent passionné : *Oui*, *il faut en finir avec ces agitateurs!* etc., etc! Ces paroles sont plus qu'inutiles, elles sont dangereuses; du moins elles ne sont pas propres à opérer ce rapprochement des esprits, cette fusion d'intérêts qu'avait paru désirer d'abord M. l'Avocat-Général.

Je ne conçois pas d'ailleurs que les hommes du pouvoir s'acharnent avec tant de violence contre l'opposition légitimiste; ils ont admis eux-mêmes *la légitimité*, comme principe d'ordre; ils l'ont déplacée, il est vrai, en la transportant d'une branche dans une autre; mais déjà deux graves publicistes, dans des opinions contraires, ont cru pouvoir exprimer leur blâme sur la précipitation avec laquelle tout cela a été fait.

Sous un autre point de vue, les légitimistes, proprement dits, sont ou méconnus ou indignement calomniés. A entendre M. l'Avocat-Général, ce sont des *hypocrites*, *des lâches, des pervers, des incendiaires.* Toutes ces expressions ont été prononcées. Pour mon compte, j'avoue que les légitimistes, *ces parias* nouveaux, dont le contact serait presqu'une souillure, ne m'ont jamais apparu sous un aspect aussi hideux. Loin de là, j'ai, au contraire, la certitude; par ma propre expérience, qu'en fait de délicatesse, de probité, de dévouement, ces hommes si maltraités n'avaient rien à envier à leurs accusateurs.

Le gouvernement les repousse, ses agens les décrient. Il est assez rationnel qu'ils n'éprouvent pas une sympathie bien vive pour le nouveau gouvernement.

J'ajouterai :

D'homme à homme, il n'y a aucune raison pour que l'un cède à l'autre; et quand un individu se sent le courage de jouer son existence contre celle de son égal, il a toujours le droit d'exiger, pour sa conviction personnelle, les mêmes égards qu'il accorde à la conviction d'autrui. La liberté, en effet, n'est pas une concession; c'est une propriété : il faut savoir la défendre comme on défend sa propriété la plus chère, son honneur et sa vie.

Du reste, les devoirs d'un libéralisme généreux et sincère se résument, pour M. l'Avocat-Général comme pour moi, comme pour tout autre, dans ces trois règles fondamentales :

Respect pour les opinions, quand elles sont consciencieuses;

Ménagement pour les personnes, quand elles sont honorables;

Enfin, liberté pour tous.

PLAIDOYER.

MESSIEURS,

POUR la première fois, parmi nous, la liberté de la presse est traduite à votre barre. Deux citoyens honorables et paisibles ont été arrachés de leur foyer domestique, pour venir ici, sous le poids d'une double accusation, rendre un compte public de leurs croyances, de leurs affections, de leurs pensées les plus intimes. Ceux-là du moins sont demeurés fidèles ; ils n'ont point trahi leur cause ; et, forts des inspirations d'une conscience irréprochable, ils viennent à vous, dans leur noble confiance, sans crainte comme sans regret. L'un d'eux, jeune encore, peut offrir à l'examen de ses juges une carrière à peine commencée et déjà pleine de probité et d'honneur ; l'autre, père de famille justement honoré, trouve depuis long-temps dans l'estime publique, dans le dévouement de ses nombreux amis, la digne récompense d'une vie entière consacrée au travail et à la pratique de toutes les vertus sociales.

De quoi s'agit-il donc ici? et quelle funeste erreur, quelle étrange aberration de conduite a pu amener sur ce banc des prévenus, deux hommes en qui l'accusation elle-même ne pourrait, sans injustice, méconnaître des sentimens les plus dignes d'éloges. Messieurs, ne nous préoccupons point, rassurons nos consciences : il s'agit ici d'un prétendu délit de la presse, d'un délit politique.

Ce genre de délit, vous le savez, est tout spécial ; il a sa nature, ses caractères, ses conditions d'existence à part ; dans des délits ordinaires, le fait incriminé est presque toujours constant, sa moralité jamais douteuse. Aussi, l'assassinat, l'incendie, le viol, constituent dans tous les temps, et aux yeux de tous les peuples, un attentat aux lois éternelles de la morale ; et dans la poursuite de ces crimes, le seul problême à résoudre, est de trouver l'auteur, afin de le punir. Dans les délits de la presse, au contraire, l'auteur, ou du moins celui qui en a la responsabilité légale, est toujours connu: le fait est également constant; sa moralité seule est incertaine; elle dépend toute entière de la détermination du juge, et il est vrai de dire qu'en pareil cas votre déclaration ne se borne pas à désigner le coupable, elle fait aussi le crime. Tels sont, Messieurs, les délits de la presse, simple contravention à des lois purement politiques, lois arbitraires, soumises à l'influence des passions du moment, variables au gré des intérêts, au gré des circonstances; car la même pensée, dont l'expression est aujourd'hui jugée coupable, peut devenir demain un motif d'éloge, un titre peut-être à des récompenses publiques.

Sous d'autres points de vue, les poursuites nombreuses auxquelles donnent lieu les délits politiques de la presse, ne sont pas toujours sans quelque gloire pour le caractère de ceux contre lesquels on les dirige. Qu'arrive-t-il chaque jour? Un écrivain, quelle que soit son opinion, dénonce un abus, signale une injustice, flétrit un acte odieusement arbitraire; il raconte un fait purement historique, je le suppose: il examine, analyse, critique peut-être l'origine du gouvernement nouveau. En un mot, il croit faire, contre le gouvernement, une opposition utile et généreuse; il croit user de son droit; et, cependant, cet écrivain est aussitôt traîné sur le banc des assises. Là, tous les partis se réunissent dans un même sentiment. On honore le courage de l'écrivain; on sympathise avec sa position; on applaudit à son acquittement; et, s'il est condamné, la honte de la condamnation ne retombe pas toujours sur sa tête; car, nous l'avons vu bien souvent, la sellette de l'accusé, en semblable occurence, devient bientôt, pour l'écrivain, le marche-pied de son triomphe. Et en effet, les plus beaux talens de notre époque, les Benjamin-Constant, les Kératry, les Lamennais, et tant d'autres qu'il serait facile de vous citer, ont été contraints de se présenter devant une Cour d'assises, pour s'y défendre contre des accusations qui, du moins, ne sont pas infamantes. Au milieu de tant d'écrivains distingués, Châteaubriand lui-même a témoigné son regret de n'avoir pas subi à son tour les honneurs du réquisitoire : « Je ne » suis pas heureux, écrivait-il à l'estimable » rédacteur du Journal que je défends, je » ne suis pas heureux ; on ne m'a point » traduit devant les tribunaux ; et en cela, » ajoute-t-il, le gouvernement de Philippe » a été bien averti par son instinct (1). » Or, je vous le demande, quand un homme comme Châteaubriand, dont l'Univers entier admire le génie ; quand l'illustre écrivain s'en prend à sa mauvaise fortune de n'avoir pas été poursuivi pour délit de la presse, au temps où nous vivons, qui, désormais, pourrait se plaindre d'être l'objet de semblables poursuites? Où serait la honte? ou serait le déshonneur ? Et le procès qui nous est intenté qu'est-il autre chose, si ce n'est une lutte engagée sur des doctrines d'ordre social entre le gouvernement qui accuse et l'opposition qui combat? Dans une lutte de cette espèce, il est toujours permis à un accusé qui a agi de bonne foi, de croire qu'il a pour lui, dans sa défense, et la justice et la raison. La nation, dont les inté-

(1) V. la *Gazette d'Auvergne* du 14 février 1832.

rêts les plus graves sont mis en discussion, devient alors seul juge compétent du débat; et c'est à vous en ce moment, Messieurs les Jurés, qu'elle délègue sa toute-puissante juridiction. La société entière s'est personnifiée dans vous ; le pouvoir qu'elle vous confie est absolu, souverain, immense; mais, placé dans des mains aussi dignes que les vôtres, il est, avant tout, un pouvoir de protection. Vous êtes les défenseurs-nés de notre liberté, les gardiens de nos droits les plus chers : vous ne perdrez pas de vue cette mission sacrée.

Pour nous, notre tâche serait aisée : l'inexpérience seule nous la rend difficile. A peine encore à nos premiers débuts, nous sommes fiers, sans doute, d'avoir été choisi pour porter la parole dans une cause aussi solennelle ; mais cet honneur pèse beaucoup à la faiblesse, et nous ne l'aurions jamais accepté qu'avec une juste méfiance, si nous n'avions compté avec raison sur le concours puissant des Avocats distingués qui sont ici nos modèles et nos guides.

Quant à l'accusation, elle nous a parlé de son amour sincère pour la liberté de la presse ; c'est le langage accoutumé de ceux qui accusent. Si monsieur l'Avocat-Général éprouve, comme il vous l'a dit, une sympathie si vive pour la liberté, c'est ici que nous aimerions à lui en voir donner des preuves ; ici, sur le banc de la défense, et non sur ce siége du magistrat accusateur.

M. l'Avocat-Général n'a pas craint, dès son début, de rapprocher cette cause des événemens du Midi. Il n'y a pas de générosité à rendre des écrivains, solidaires de quelques folies individuelles. Ceux qui s'appuient sur la liberté de la presse, ne conspirent pas : ils désavouent les conspirateurs ; et, d'ailleurs, le reproche de conspirer étonne dans la bouche de l'organe d'un gouvernement dont le Garde des Sceaux est accusé d'être *carbonaro-renégat* (1). Elle a examiné, successivement, chacun des quatre articles incriminés ; elle en a analysé, en quelque sorte, chaque phrase ; et, suivant nous, elle en a forcé péniblement le sens. Le terrain sur lequel on a voulu nous amener est trop étroit ; nous franchirons sa li-

(1) V. *Patriote du Puy-de-Dôme*, 5 mai 1832.

mite, nous ne rabaisserons pas la hauteur de votre tribunal à une vaine discussion de mots; nous exposerons des doctrines franchement, à cœur ouvert; l'auteur ne désavouera pas les articles incriminés : en les publiant, il a cru accomplir un devoir. Sa conviction n'a pas changée; il croit en son âme et conscience que la vérité elle-même est aujourd'hui accusée dans sa personne; il ne la reniera pas au moment du danger. Loin de là, il est prêt à lui rendre encore un hommage public, et ce banc des Assises est une tribune d'où cette vérité retentira plus forte, plus glorieuse que jamais. Notre confiance dans vous, Messieurs les Jurés, est entière, elle doit l'être. Votre caractère connu nous répond de vos nobles consciences; vous êtes nos juges et nos juges suprêmes; mais aussi, vous êtes nos frères et nos concitoyens; vous êtes des français comme nous; écoutez notre défense, elle sera française.

Et, d'abord, prenons acte ici d'un fait incontestable : c'est que dans le procès qui s'agite devant vous, la liberté de la presse est elle-même en cause. Cette liberté, qui à elle seule remplace toutes les autres, a été et sera encore long-temps l'objet de préventions injustes. Il en sera d'elle comme des institutions les meilleures : on oublie leurs bienfaits, on ne voit que leurs inconvéniens, et il n'est pas rare de rencontrer des hommes, animés des intentions les plus pures, qui répètent avec un accent de douleur : *Non, une société quelconque n'existera jamais avec la liberté de la presse.* Nous respectons le caractère de ces hommes consciencieux, nous respectons même leur croyance ; seulement, nous ne la partageons pas : nous avons, au contraire, la conviction profonde que la liberté de la presse est une nécessité des temps modernes. Nous l'aimons en elle-même pour les lumières qu'elle répand, pour les abus qu'elle prévient, pour les garanties qu'elle présente ; et notre amour pour cette liberté s'augmente encore de toute la haine que nous portons au seul remède qu'on voudrait lui opposer, la censure, l'horrible censure, qui reparaît aujourd'hui plus menaçante que jamais, sous le manteau et avec les formes des poursuites judiciaires.

D'ailleurs, aux hommes honorables dont nous parlions il n'y a qu'un instant, nous pourrions leur répondre que la société française, vieillie sous le régime de la censure, n'a pu trouver, dans ce remède prétendu infaillible, le moyen de se garantir de sa propre dissolution : elle a péri, elle s'est abîmée sous ses ruines, tandis qu'une nation voisine, florissante sous l'empire de la liberté de la presse, et malgré les inconvéniens qui en sont inséparables, est parvenue au plus haut degré de prospérité possible. La société Américaine me fournirait encore un argument. Cette société, quoique vicieuse en des points essentiels, grandit incessamment aux yeux du nouveau monde; et, pourtant, la liberté d'écrire y est considérée comme un des articles fondamentaux de la constitution. Loin donc que cette liberté soit un obstacle à la fortune des peuples, nous devrions, au contraire, conclure avec l'histoire, qu'elle en favorise le développement et les progrès. En Angleterre, où elle existe depuis 1694, elle a rendu au pays les plus éminens services : c'est elle qui, du temps de Georges III, renversa l'indigne ministère des favoris de ce prince, et prépara, par sa lutte persévérante, le triomphe de ce *lord Chatam*, dont le fils, élevé à l'école du père, est devenu, plus tard, un des plus grands ministres de l'Angleterre. Aussi, en France, vieille terre d'indépendance, de courage et d'honneur, la liberté de la presse a excité long-temps les plus vives sympathies. Lorsque le malheureux Louis XVI convoqua, en 1789, les états-généraux, toutes les assemblées électorales du tiers-état, et la plus grande partie de celles de la noblesse, demandèrent dans leurs cahiers la liberté de la presse. Cette circonstance remarquable ne doit pas nous étonner; dans la situation des esprits à cette époque, et avec le besoin de réforme qui se faisait partout généralement sentir, il était impossible qu'on ne demandât pas la liberté de la presse, parce qu'en effet, cette liberté est essentielle à tout gouvernement national. Elle en découle comme une conséquence découle de son principe; elle est surtout nécessaire pour arrêter les envahissemens du pouvoir; et si quelque fois elle est le feu qui brûle, elle est aussi, le plus souvent, la flamme qui éclaire; elle assure aux moindres citoyens leur propriété et leurs droits ; elle est, en certains cas, leur seule défense contre d'indignes vexations. Cessons donc de récriminer contre elle. Il n'y a, en réalité, que les mauvais fonctionnaires, les gouvernemens vicieux, qui aient à redouter sa puissante influence; et, sous ce point de vue, on a eu tort d'imaginer que la liberté de la presse était inconciliable avec l'existence de la restauration. Cette restauration, mieux dirigée, n'avait rien à craindre de cette liberté ; et si, au lieu de s'abandonner aux conseils inhabiles de quelques coteries, elles eût eu le courage d'en appeler à la nation entière, si elle se fût retrempée, comme elle le devait, à la source populaire où elle prit autrefois naissance, sa cause était à jamais gagnée; elle eut pu désormais braver impunément la colère de ses ennemis, et malgré leurs attaques, elle serait encore triomphante et debout. Telle est notre conviction: telle est aussi celle de l'avocat éloquent (1),

(1) Me. Sauzet.

qui défendit l'infortuné ministre dont le caractère et le talent ont été plus d'une fois admirés dans cette enceinte, sur ce siége même, d'où partent aujourd'hui, contre nous, les traits de l'accusation....

(L'avocat passe en revue les principales circonstances de la révolution; il fait observer que toutes les ambitions se ravisèrent auprès du pouvoir nouveau.)

Et jusque-là, ajoute-t-il, il n'y avait rien à dire, car chaque gouvernement a le droit incontestable de se choisir, bien ou mal, ses créatures et ses appuis.

Mais les populations, qui ont aussi leurs prétentions et leurs droits, demandaient à leur tour qu'on ne les oubliât pas. Le gouvernement né de juillet, par le fait seul de son origine, avait pris des engagemens particuliers envers elle. Il avait contracté l'obligation inévitable de faire mieux que le gouvernement auquel il succédait. S'il en eût été autrement, pourquoi alors une révolution, pourquoi un changement ? La première cité du monde, sans doute, n'a pas vu ses habitans insurgés, jonchant de leurs cadavres le pavé de ses rues, pour le stérile plaisir de fonder une dynastie et de donner une couronne. Les hommes qui prodiguèrent aussi facilement leur vie dans cette lutte terrible, avaient une autre pensée. Ils croyaient entrevoir, au delà de la lutte, un avenir meilleur; et leur conviction s'emparant des esprits, devint bientôt, à tort ou à raison, la foi du plus grand nombre. Le peuple s'imagina qu'une révolution dont il avait été l'instrument devait lui profiter; il espéra que le nouveau pouvoir s'occuperait de son bien-être, allégerait ses charges, améliorerait son sort; en un mot, lui créerait une situation telle qu'il n'eût pas à regretter celle qu'il avait auparavant. Un espoir aussi légitime ne s'est jamais réalisé. Nous sommes devenus les honteux vassaux de la finance; l'impôt, exagéré outre mesure, est accablant pour le propriétaire. Les ressources s'épuisent, et la misère publique continue ses effrayans progrès. Partout le sol tremble sous nos pas; partout des émeutes, partout des provocations insultantes, partout le désordre. Le lien de l'obéissance, seule garantie possible de l'ordre et du repos, se détend, s'affaiblit; bientôt il se brisera. Le peuple a perdu tout respect; il est colère, soupçonneux, menaçant ; il se croit trompé ; il fait entendre ses plaintes, et la presse de l'opposition répète chaque jour, avec une amère conviction, des plaintes malheureusement trop fondées.

Le gouvernement, attaqué de toutes parts, s'est d'abord défendu avec les armes du simple raisonnement. Il a protesté de ses bonnes intentions ; il a dit qu'après les grandes commotions politiques, il survivait toujours une légère agitation, une sorte de malaise indispensable ; mais que ce malaise était passager, qu'il fallait prendre patience. On lui a répondu : La restauration, suivant vous, était le seul obstacle qui s'opposait au bonheur public. Cet obstacle, une fois renversé, tout devait donc couler de source, et la prospérité publique prendre tout à coup un essor indéfini. Lorsque, dans un appareil mécanique l'obstacle qui gênait le mouvement des rouages est enlevé, chaque rouage reprend aussitôt son cours et son action accoutumée : il doit en être absolument de même de la machine gouvernementale. Les événemens de juillet avaient chassé devant eux les hommes et les choses de la restauration. Ces hommes et ces choses, dans votre langage, étaient inhabiles à produire le bien. Aujourd'hui vous avez fait table rase. Le pouvoir est dans vos mains; vous avez promis de mieux faire que vos prédécesseurs; si vous ne faites pas mieux, ou si vous faites moins bien, vous confessez votre impuissance ou votre mauvais vouloir. Ces argumens sont sans réplique, et cela ne doit pas nous surprendre; car il est dans la destinée du gouvernement actuel d'être sans cesse battu par l'opposition, toutes les fois qu'il consent à se renfermer avec elle dans les termes d'une saine logique.

Le ministère a compris cette faiblesse de position. Désespérant de se faire des prosélytes par la persuasion, il a eu recours aux moyens de violence; il a voulu que chacun, bon gré, malgré, fléchit le genou devant son idole, et il a été fait sous les peines de droit,

> « Défense à tout mortel d'adorer d'autre Dieu,
> » Que le gros budget et le juste milieu ! »

En conséquence il a dû déclarer une guerre à mort aux journaux de l'opposition.

Le plan de campagne qu'il a dressé contre eux se résume en trois mots : Fatiguer les journaux à force de procès ; ruiner leurs entreprises par les amendes ; effrayer leurs écrivains par la prison. Tel est le système antifrançais à l'aide duquel le ministère s'est proposé de fermer la bouche aux voix courageuses qui l'importunent. Ce système destructif de la liberté de la presse est suivi avec une implacable persévérance. Sur tous les points du royaume, cette liberté si précieuse est traînée en criminelle devant les tribunaux, où elle se défend à grand'peine contre les accusations ardentes de ceux qui osent encore se proclamer ses seuls vrais partisans. Les poursuites contre les journaux se sont multipliées dans une proportion inouie. Dans l'espace de moins de deux ans, un seul journal a été l'objet de quarante-deux saisies. Dans le même espace de temps, et sous un gouvernement né du triomphe de la liberté, il y a eu quatre cent quinze procès pour délits de la presse. Il n'y en a pas eu, à beaucoup près, un aussi grand nombre sous le règne des *tyrans*, pendant les quinze années de la restauration.

Le ministère, toutefois, ne s'est pas borné à poursuivre les écrits ; il a voulu aussi charger de fers les écrivains avant de les juger. Si cette terrible jurisprudence eut pu s'accréditer, c'en était fait des libertés publiques ; elles étaient frappées de mort. Heureusement que ce plan audacieux est venu échouer contre l'énergique protestation d'un écrivain. Le rédacteur en chef du *National* déclara qu'il regardait l'arrestation préventive pour délit de la presse, comme un attentat contre les personnes ; et que, le cas échéant contre lui, il repousserait la force par la force. Traduit aux Assises pour avoir publié cette doctrine, il la renouvela en présence de ses juges, dans un discours étincelant de feu et de courage. Il porta au chef du parquet le défi d'ordonner contre sa personne le périlleux essai d'une arrestation préventive. Le chef du parquet fut prudent ; et des jurés dignes de vous, Messieurs, acquittèrent sans hésiter M. *Armand-Carrel*. Ces jurés ont bien mérité de la patrie : gloire leur soit rendue ! Le ministère, d'ailleurs, n'échappe jamais l'occasion de montrer l'éloignement profond que lui inspirent les écrivains indépendans. Dans une circonstance toute récente, il s'agissait de soustraire de malheureux détenus aux atteintes du fléau qui désole la capitale. Une ordonnance du Roi leur fit à tous remise de leur peine; il n'y eut qu'une exception, et elle fut admise contre des écrivains détenus pour délits politiques de la presse. Ce cruel délaissement parle plus haut que tout le reste.... Laissons-là ce pénible tableau.

Un système aussi large de répression, un pareil acharnement de poursuites, ce luxe de rigueurs passionnées, ces procédés violens, qui réagissent contre la personne des écrivains, tout cela ne peut être compris et expliqué que de deux manières.

Ou le gouvernement, dans le fond de sa pensée, n'est pas favorable à la liberté de la presse, et alors il se trahit, il ment à ses propres doctrines, il renie son origine.

Ou le gouvernement, tout en admettant la liberté de la presse comme institution, croit cependant ne pouvoir contenir ses attaques inévitables qu'en multipliant contre elle les réquisitoires, les procès, les saisies, et autres moyens de ce genre. Dans ce cas, il donne le signal de sa détresse ; il dépose en quelque sorte son bilan ; et en effet, jamais situation ne fut plus difficile.

Ce gouvernement est né de la révolution de juillet ; il porte sur son drapeau le symbole de cette révolution ; il en proclame le principe ; et à chaque instant, dans la pratique, il fait effort pour tuer cette révolution. Il ne lui est pas permis de conserver l'équilibre, se tenant debout, sur une pointe escarpée, placé entre deux abîmes. S'il veut se montrer conséquent à son origine et suivre jusqu'à la fin le mouvement de la révolution, il risque de tomber jusqu'aux derniers excès de la démocratie ; et là, il se perdrait. Si au contraire il prétend arrêter ce mouvement, comme il l'a entrepris, il faut alors qu'il répudie le principe de la révolution ; mais alors il s'abdiquerait lui-même.

Telle est, Messieurs les Jurés, la position véritable du gouvernement nouveau, position qui, aux yeux de tous les hommes réfléchis, ne peut engendrer qu'incertitude, que défiance et malaise. Jetez les yeux autour de vous ; qu'est devenu le prestige des journées de juillet? Le sang français avait coulé, et l'on était excusable de penser que la fumée de ce sang généreux allait s'élever en colonnes vers le ciel, comme celui d'une victime expiatoire immolée pour le salut de la patrie. Partout, dans la simplicité d'une espérance trompeuse, on entonnait des chants de triomphe et de gloire. Mais depuis, le temps inexorable a dessillé les yeux; l'illusion a cessé, le voile a disparu; l'éloignement des esprits se manifeste, et les événemens qui, chaque jour, se déroulent devant nous, désenchantent les cœurs. Le gouvernement voudrait guérir le mal, nous le croyons; mais que faire? sa position est forcée. La confiance se retire, les convictions les plus tenaces s'ébranlent, et ceux qui le servent ont à peine foi dans lui.

M. Guizot, personnage d'un esprit supérieur, a constaté ce désespoir anticipé des hommes du pouvoir; et, en s'adressant à eux, il leur a dit à la tribune (1): « Prenez » garde, non-seulement nos convictions » morales et politiques sont incertaines et

(1) Séance du 16 février 1832.

» vacillantes, mais nous sommes aux prises » avec des convictions plus certaines que » les nôtres. »

M. Guizot avait raison ; il exprimait une vérité de fait incontestable. Les convictions du gouvernement sont incertaines, tandis que deux partis opposés, et qui lui sont également contraires, ont à eux une conviction certaine, une conviction de durée. Ces partis, qui se croient maîtres de l'avenir, ont déjà pris leur position ; chacun a dessiné son attitude, a formulé ses vœux, a fixé son objet.

Ainsi, le républicanisme, toujours chaleureux dans ses moindres projets, s'est organisé promptement ; il a ses journaux, ses sociétés, ses partisans, son plan bien arrêté. D'autre part, une classe d'hommes, influente dans l'ordre social par la richesse, l'éducation, la probité des individus en général, a cru devoir constater qu'hors d'un principe conservateur, objet de ses affections les plus vives, il n'y avait en France, ni ordre, ni liberté possible. Ce parti a aussi dessiné son attitude. Ses fautes lui ont été reprochées souvent avec une amertume pleine d'injustice : il a été et sera encore quelque temps exposé à des préventions aveugles et passionnées. Mais, dit Bossuet, le temps est un grand maître : l'expérience de chaque jour apporte sa leçon, et les erreurs commises sont bientôt réparées, quand on a de la bonne foi, de la conscience et de l'honneur. Le parti légitimiste comprend assez bien les besoins moraux de son siècle ; mais il ne pense pas qu'il soit utile de proclamer dans les masses le droit imprescriptible de faire et de défaire les constitutions à leur gré, et de provoquer, suivant une aveugle fureur, ces bouleversemens politiques, sans cesse renouvelés, qui, en interrompant le cours des prospérités publiques, jettent partout, dans les familles, le désordre et l'effroi.

Ce parti a un principe qu'il affectionne de prédilection, parce qu'il y rattache une idée féconde en résultats bienfaisants. Il admet ce principe comme garantie d'ordre et de stabilité ; il croit l'hérédité monarchique aussi nécessaire à la conservation d'un grand peuple, que l'hérédité domestique à la conservation des familles ; il enseigne, comme vérité de l'histoire, que ce principe d'hérédité n'est jamais violé sans qu'il s'en suive immédiatement une longue perturbation sociale; et l'exemple de ce qui se passe en France, depuis 18 mois, offrirait, au besoin, une preuve sans réplique à l'appui de cet enseignement.

Quant au reproche de ne pas aimer la liberté, dont on se fait contre le parti légitimiste une arme à toute fin, ce reproche est hasardé; il est injuste. Sans doute, il y a une liberté menteuse, exclusive, arbitraire, passionnée, quelquefois sanglante. Cette liberté est repoussée de tous les cœurs honnêtes; et les malheureux vieillards, qui ont été ses victimes, sont excusables de conserver contre elle d'éternels ressentimens. Mais le parti légitimiste, dans son ensemble, réclame sa part, comme tous les autres, des bienfaits de la civilisation; il n'a aucun motif de haïr la liberté en elle-même. Bien plus, il a besoin de l'aimer, non pas telle qu'on la lui a faite, intolérante, mesquine, soupçonneuse, irritable; mais grande, universelle, tutélaire pour tous, et inséparable de l'idée d'un pouvoir permanent, assez fort pour réprimer les partis et contenir les ambitions. La liberté ainsi conçue, le parti légitimiste l'appelle de tous ses vœux ; il y travaille de toutes ses peines.

Du reste, ce reproche de ne pas aimer la liberté, fait au parti légitimiste, a droit d'étonner dans la bouche de ceux qui le lui adressent. Eh ! quoi, un organe du pouvoir ferait à quelqu'un aujourd'hui le reproche de ne pas aimer la liberté. Et où est donc ce gouvernement si libéral que l'on nous prônait tant ? Les citoyens encombrent les prisons pour délits politiques ; les vrais triomphateurs de juillet sont assommés dans les rues comme des bêtes fauves ; les écrivains les plus honorables sont soumis à de continuelles rigueurs.

On fait encore au parti légitimiste le reproche de chercher à troubler l'ordre public, et de conduire à l'anarchie, reproche ridicule, reproche dérisoire, reproche absurde. Et où a-t-on vu que les doctrines de ce parti sont des doctrines antisociales, et les hommes qui les professent des hommes anarchiques ? Non, ils ne peuvent pas l'être. Les anarchistes sont ceux qui prêchent les révolutions, qui en préparent les élémens, qui en favorisent le résultat, qui en prélèvent les bénéfices, qui consacrent le monopole, et qui, après avoir fait fortune, sourient complaisamment à leur ouvrage. Je ne sache pas que les hommes du parti légitimiste soient actionnaires dans de semblables entreprises. Ils s'honorent de compter dans leurs rangs de grandes illustrations et de beaux caractères; les Châteaubriand, les Fitz-James, les Dreux-Brezé, et tant d'autres que l'on pourrait citer. A la suite de ces hommes si distingués, s'avance une jeunesse courageuse, pleine d'enthousiasme et d'espérance. Cette génération nouvelle, puissante de conviction et de lumière, est invinciblement défendue, par son âge, contre d'injurieuses suppositions; elle défie les souvenirs du passé; et pure de tout reproche, elle marche avec une noble ardeur à la conquête de l'avenir; son symbole politique est parfaitement défini; elle réclame l'antique constitution française, modifiée suivant les mœurs et les temps; elle demande une réforme parlementaire, en harmonie avec les principes de cette constitution ; elle veut, elle désire, elle appelle à grands cris une administration gratuite et elle pourchasse de tous ses efforts, cette centralisation dévorante, source première, source unique de tous les malheurs de la France ; elle n'impose pas ses opinions ; elle les explique, les discute, les publie, mais elle n'entreprend pas de les réaliser dans le sang ; elle désavoue les conspirations, les émeutes. « Elle sait » très-bien, comme dit Pascal, que la vio- » lence et la vérité sont deux puissances qui » n'ont aucune action l'une sur l'autre ; que » la vérité ne gouverne point la violence, » et que la violence ne sert jamais utilement » la vérité. » Pénétrée de ces sages maximes, elle n'entend faire triompher ses doctrines et ses vœux que par une discussion libre, consciencieuse, éclairée. Tels sont les hommes, telles sont les idées, sous l'influence desquels a été fondée *la Gazette d'Auvergne.*

Ce Journal, spécialement destiné à soutenir et développer le principe des légitimistes, se renferme dans la mission qu'il a reçue. Il est rédigé par un jeune écrivain aussi remarquable par l'élévation de son talent que par la loyauté de son caractère, et qui se fait constamment un devoir d'observer les règles d'une polémique pleine de convenance, de dignité et de mesure; il discute librement les actes de l'autorité, il les approuve ou les condamne suivant sa conviction ; il prend la défense des moindres citoyens qu'il croit persécutés dans leurs personnes et dans leurs droits; il peint à grands traits les inconséquences et les fautes du gouvernement nouveau ; il poursuit d'une haine infatigable les abus de la centralisation; et si quelquefois il lui arrive de manifester des regrets, des plaintes, des espérances, il use de son droit politique. Ce plan, fidèlement suivi, lui a déjà valu d'importans succès. La confiance empressée du public, dans un pays aussi sage que le nôtre, est un gage certain de sa grande modération ; et sous ce seul rapport, il est impossible de concevoir les motifs du procès qui lui est intenté. La lecture seule des articles incriminés les a justifiés à vos yeux.

Mais déjà, je crois vous avoir démontré que le gouvernement, cédant aux exigeances d'une position mauvaise, faisait une guerre à mort à la liberté de la presse, de telle sorte que le procès actuel ne doit être considéré que comme un accident tout naturel dans le vaste système de poursuite organisé contre tous les écrivains indépendans.

Nous serions donc, par cela seul, dispensés d'examiner ici les griefs de l'accusation. Ces griefs sont illusoires, et la culpabilité est nulle. Toutefois, pour compléter la défense, disons un mot rapidement des quatre articles incriminés :

Le premier de ces articles est relatif à l'anniversaire de la mort du duc de Berry. L'auteur attribue cette mort à ce qu'il appelle la *révolution*. Pour justifier sa pensée, il nous suffira de raconter les faits.

Tout le monde sait que le 13 février 1820, le duc de Berry fut lâchement assassiné. Ses vertus comme ses défauts participaient du caractère national. Les sentimens admirables qui honorèrent les derniers momens de sa vie lui concilièrent tous les suffrages comme tous les regrets. Le crime de sa mort ne trouva d'apologiste nulle part; car, l'esprit de parti, quelqu'acharné qu'on le suppose, ne va jamais, dans les cœurs honnêtes, jusqu'à légitimer le poignard et consacrer le meurtre. Mais l'assassin, en se choisissant sa victime parmi les membres d'une race royale, avait été dirigé par une pensée aussi profondément politique que profondément scélérate. Il ne s'était pas proposé de détruire un simple individu ; il avait porté ses vues plus loin, et son intention avouée, consistait à détruire, dans la personne de sa victime, l'espoir et l'avenir entier d'une famille de rois. Sous ce rapport, le crime de Louvel flattait la haine d'un grand nombre, il encourageait leurs vœux ; et tout en flétrissant une action atroce en elle-même, beaucoup en acceptaient volontiers les conséquences, favorables à leur plan de destruction. Il existait en effet, à cette époque, des sociétés parfaitement organisées, ardentes à concevoir des projets, hardies dans leurs moyens d'exécution, et dont le but déterminé était le renversement des rois ; c'était l'action républicaine, luttant alors comme aujourd'hui contre le principe monarchique ; son influence se manifestait partout. Ainsi, l'opposition parlementaire était empreinte de cet esprit, la presse périodique y puisait toutes ses inspirations ; elle travaillait, dans son langage constamment passionné, à rendre, comme on l'a dit, *le règne des Bourbons impossible.* En un mot, on amoncelait, de toute part, avec un succès prodigieux, les difficultés immenses qui ont occasionné la chute de l'ancienne dynastie ; tellement, que l'homme supérieur qui a le mieux démontré la véritable cause de l'événement de juillet, Me Sauzet, plaidant pour M. de Chantelauze, n'a pas hésité de dire : *que la Couronne fut excusable de recourir aux nécessités de sa conservation.*

Eh bien ! cette haine des rois, cette pensée républicaine, qui a renversé l'ancienne dynastie, le parti légitimiste l'a personnifiée en un seul mot : il l'appelle *révolution ;* et, dans ce sens, l'auteur du passage incriminé a eu raison de dire *que cette révolution, en* 1830, *avait jeté dans l'exil le fils de celui qu'elle assassina en* 1820 ; ou, en d'autres termes : cet instinct d'hostilité contre la personne des rois, qui dirigea, en 1820, le fer d'un assassin, a déterminé, en 1830, un bouleversement politique. Il n'y a là autre chose que la manifestation d'une vérité historique, vérité à l'évidence de laquelle personne, aujourd'hui, n'oserait plus se refuser ; et pourtant, cette manifestation d'une vérité aussi simple, aussi incontestable, vous est dénoncée comme une excitation à la haine et au mépris du gouvernement du Roi.

(L'avocat se livre à quelques développemens pour établir que le mot révolution ne s'applique ni à Louis-Philippe, ni à son gouvernement.)

Et, en effet, dit-il, cette révolution qui se résume en dernière analyse dans le principe pur républicain, ne veut pas plus de la royauté de Louis-Philippe que de la royauté de Charles X, ou de la royauté de tout autre. Cessez donc de prétendre que l'auteur de l'article incriminé a compris sous le mot de *révolution*, Louis-Philippe ou son gouvernement, et qu'il ait voulu exciter au mépris ou à la haine de l'un et de l'autre. Cette supposition est une vraie chimère, contre laquelle protestent et les faits et la raison de l'auteur.

Mais, dit l'accusation, vous émettez le

vœu public, l'espoir d'un changement de souverain; et l'émission de ce vœu, de cet espoir, attaque directement l'ordre actuel de successibilité au trône de France. Ce langage a droit de nous surprendre; c'est la première fois qu'on imagine de faire un crime à quelqu'un d'avoir exprimé un simple espoir, un simple vœu; et il faut remonter jusqu'aux annales du Bas-Empire, pour trouver dans l'histoire l'exemple de pareilles accusations.

L'auteur exprime le désir que les décrets de la providence s'accomplissent. En quoi un pareil vœu pourrait-il être criminel?

Le duc de Berry, mourant assassiné, se consolait de cette triste mort, par la pensée qu'il pouvait encore renaître dans la personne d'un fils. Sa veuve était enceinte. Le fruit qu'elle portait dans son sein excitait la plus vive sollicitude parmi les légitimistes; ils levèrent leurs mains vers le ciel, et il leur sembla que leurs prières avaient été exaucées. La duchesse de Berry eut un fils. Les légitimistes virent dans cet événement, suivant les expressions de l'article incriminé, *le doigt d'en haut*, et *le pré-*

sage de l'avenir. Les croyances religieuses, quoique peu respectées sont toujours respectables, celles-là comme les autres. Des hommes vulgaires, des hommes à courtes vues, se rient de ces croyances, à eux permis; mais cela n'empêchera pas, qu'en fait, la naissance du duc de Bordeaux n'ait toujours été regardée, par les légitimistes, comme un événement qui rentrait, d'une manière spéciale, dans les vues de la Providence. Ils ont placé dans cet enfant leur affection et leur espoir. *Nous espérons,* dit l'article incriminé, *nous espérons jusqu'à la fin, parce que nous aimons.* Cette dernière pensée est admirable de sentiment et de vérité. L'espoir est une condition de l'amour. On espère dans ce qu'on aime, et quand cet espoir nous est enlevé, l'existence flétrie, se consume et s'éteint dans sa propre douleur. Si donc l'espérance est une suite inévitable de l'amour, si telle est sa nature, comment pourriez-vous faire aux légitimistes un crime d'espérer dans un enfant qu'ils aiment. Proscrire ainsi la fidélité et punir l'espérance, ce serait démoraliser l'espèce humaine; ce serait une monstruosité dont il est impossible que des hommes comme vous se rendent jamais complices. Chaque citoyen, du reste, a le droit de faire une opposition libre et consciencieuse ; et en quoi pourrait donc consister une opposition quelconque, si on lui interdit ses vœux, ses espérances. Il n'y a de répréhensible, il n'y a de coupable, que les appels à la violence, les provocations à la révolte ; et nous défions l'accusation de trouver dans la *Gazette d'Auvergne* un seul mot qui constitue ce délit ou même s'en rapproche. Elle s'est attendrie sur des malheurs réels ; elle a voulu ce sonsoler par quelques paroles d'espoir : il y a là une noble compatissance, mais il n'y a pas de crime.

Le second article incriminé, est relatif à la mort de Charles de Bonnechose, tué dans la Vendée.

Quelques départemens de cette province, comme vous le savez, sont encore le théâtre de quelques scènes plus ou moins affligeantes. On n'a pas toujours bien compris, à l'égard de ces départemens, qu'un des principaux caractères de la vraie liberté consistait à ménager dans les autres, les opinions qu'on ne partage pas; et, sans aucun motif plausible, le peuple Vendéen s'est vu souvent blessé au vif dans ce qu'il a de plus cher. Aussi, ce peuple s'est soumis à contre-cœur: En certaines localités, il a opposé de la résistance. Cette résistance, qui coûte du sang français, et qu'on ne saurait trop déplorer, a été représentée sous de fausses couleurs. L'esprit de parti s'en est emparé et l'a envenimée, peut-être, par des discours imprudens, et quelquefois calomnieux. Les mots d'*assassins* et de *brigands* ont été prodigués, sans mesure, aux habitans de la Vendée. M. de Châteaubriand, dans sa dernière brochure, a cru pouvoir prendre la défense de ses compatriotes, contre de pareilles imputations; et il l'a fait, avec son langage accoutumé, dans un style plein de magie et de grandeur.

Déjà le général Lamarque, qui a eu un instant le commandement supérieur des provinces de l'Ouest, s'était expliqué lui-même sur ce qu'il pensait des Vendéens. Sa haute intelligence lui avait révélé, dans ces hommes exaltés par un sentiment profond, autre chose que des *assassins et des brigands.* Depuis que l'honorable général a été contraint de quitter le commandement de la Vendée, les habitans de ce malheureux pays ont été soumis aux plus dures épreuves. Des instructions sévères ont été données aux troupes qui occupent militairement la contrée.

Le général *Dumoustier*, inspectant les cantonnemens du 41e régiment de ligne, a recommandé aux chefs : « Dans le cas où les » colonnes mobiles rencontreraient les ré- » fractaires, de ne pas s'amuser à les som- » mer de mettre bas les armes, mais de » faire feu sur eux, et de ne pas faire de » quartier. » Ces expressions sont copiées textuellement d'une lettre du général Dumoustier lui-même.

Chez les peuples sauvages, l'ennemi vaincu met bas les armes en présence du vainqueur. Il perd sa liberté, mais il sauve sa vie : c'est le droit de la guerre. Ce droit, le plus sacré de tous, a été méconnu envers les Vendéens. Français, ils périront de la main des Français ; pas de quartier pour eux, tels sont les ordres donnés par le général

Dumoustier. Ces ordres n'ont été que trop fidèlement suivis : et sans parler ici de tous les accidens isolés qui en ont été le funeste résultat, contentons-nous de fixer votre attention sur le triste événement auquel se rapporte l'article incriminé, c'est-à-dire, l'assassinat de Charles de Bonnechose.

L'infortuné avait à peine dix-neuf ans : il portait un nom cher au barreau de cette ville ; et la Cour royale de Riom conservera long-temps le souvenir de celui des *Bonnechose*, dont la vertu et le talent ont jeté tant d'éclat parmi nous sur les nobles fonctions du ministère public. Charles de Bonnechose, dont il s'agit dans l'article incriminé, avait été page de Charles X, qui l'avait distingué parmi ses autres pages, et lui accordait une bienveillance toute paternelle. Le jeune homme avait suivi son roi jusqu'à Cherbourg. Il voulait l'accompagner jusque sur la terre étrangère ; mais le vieillard détrôné lui ordonna de rester sur la terre de France, de retourner à Versailles auprès de sa pieuse mère, et de lui rendre, à force de soin et de tendresse, l'existence plus douce et plus légère. Le page, obéissant, se sépara de son souverain, et reprit tristement la route de Versailles.

Il existe entre les familles de Bonnechose et de Laroche-Jaquelin des relations de l'amitié la plus intime. Madame de Laroche-Jaquelin, retirée dans une de ses propriétés, invita le jeune de Bonnechose à venir passer quelque temps à sa campagne, où elle avait réuni une société d'amis, composée, en grande partie, de jeunes dames qui se livraient paisiblement à l'étude des arts. Bientôt Mme de Laroche-Jaquelin fut soupçonnée de provoquer la guerre civile, et de conspirer le renversement de l'Etat. Son château fut assiégé par la force publique; elle fut arrêtée avec plusieurs dames de sa société, entre autres, avec Mademoiselle de Fauveau, toute jeune personne, que les grâces de son esprit et ses succès dans la peinture ont déjà rendue célèbre. Madame de Laroche-Jaquelin parvint à s'évader: sa jeune compagne fut traduite aux Assises, et immédiatement acquittée.

Charles de Bonnechose, poursuivi, prit la fuite. Etranger au pays, qu'il habitait depuis deux mois seulement, inconnu, égaré, sans guide dans les dunes de la Bretagne; il alla demander un asile dans une ferme appelée la Goyère, à quelque distance de Montaigu. Le nommé Correau, fermier de la Goyère, ému de l'extrême jeunesse et de la triste situation de M. de Bonnechose, l'accueillit dans sa demeure, sans le connaître, et lui donna l'hospitalité. Vers les trois heures du matin, le fermier se lève, suivant la coutume des habitans de la campagne, et se dirige vers l'écurie de la ferme, pour porter la pâture à ses bestiaux. La maison était déjà cernée par la troupe. Une sentinelle crie : *Qui vive?* Le fermier qui, depuis plusieurs années, était atteint d'une surdité complète, ne répond rien. La sentinelle fait feu, et le malheureux tombe mort du coup. Au bruit de la détonation, M. de Bonnechose, étranger, saisit ses armes. Il voit des soldats, au milieu de la nuit, pénétrer dans la maison; il croit sa vie en danger; il se met aussitôt sur la défensive et tire sur les assaillans. Effrayé de leur nombre, il s'échappe. Une balle l'atteint, mais ne l'arrête pas. Il continuait sa fuite, lorsqu'il reçoit une nouvelle blessure, qui le livre, presque sans connaissance, aux mains du soldat. Il resta exposé pendant trois heures au milieu d'un champ, la nuit, dans le mois de janvier, au plus fort de l'hiver. La fermière, dont le mari venait d'être tué, donnait ses soins à M. de Bonnechose, et s'occupait d'étancher le sang qui coulait de sa blessure. Un soldat lui dit qu'elle ferait bien d'aller voir son mari. La malheureuse l'avait déjà vu, et elle répondit : « J'aime encore mieux soulager un » blessé, que d'aller voir un mort. »

Cependant M. de Bonnechose fut emporté mourant de la ferme de la Goyère à Montaigu, où M. Trastour, maire de l'endroit, lui prodigua toute sorte de secours. Mais, dans le trajet, les soldats ne l'avaient pas traité avec les mêmes égards. Ils ne trouvèrent pour cet infortuné, couvert de son propre sang, que des paroles menaçantes. Ils se seraient même livrés, dit-on, à des actes de brutalité, que je ne rapporterai pas, parce qu'ils me paraissent incroyables, de la part des soldats français. M. de Bonnechose, arrivé à Montaigu, fut soumis à toutes les angoisses d'un interrogatoire accablant. Epuisé enfin de fatigue et de douleur, il expira ; et après sa mort, l'autorité fit ouvrir le cadavre, pour y trouver des plans de conspiration, qu'on croyait qu'il avait avalés (1).

Telles sont les douloureuses circonstances de la mort de M. de Bonnechose.

Tous les journaux, du reste, ont annoncé l'assassinat du jeune de Bonnechose. Ils en ont raconté les moindres détails, avec l'indignation qu'ils inspirent. Tous ont voulu jeter quelques fleurs sur la tombe de la victime. Des habitans du Midi ont publiquement ouvert une souscription pour lui élever un monument. Un seul journal, l'*Ami de la Charte* de Nantes, a eu le triste courage d'insulter à un cadavre ; mais l'*Opinion*, journal patriote, qui certe n'est pas suspect de partager les sentimens légitimistes, releva vivement, dans l'*Ami de la Charte* de Nantes, des expressions d'une joie barbare. « Qu'importaient, disaient » noblement les rédacteurs de l'*Opinion* (2),

(1) La plupart de ces détails nous ont été fournis par un de nos confrères de Nantes.

(2) Numéro du 3 février 1832.

» qu'importaient dans cette affaire les doc-
» trines personnelles de la jeune victime?
» L'*Ami de la Charte* ne devait voir dans
» ce malheureux jeune homme, que la qua-
» lité de citoyen, qui n'a pu le mettre à
» l'abri des fureurs de la police. »

C'est ainsi, grâce au ciel, que toutes les opinions consciencieuses se rapprochent et s'entendent, quand il s'agit de flétrir un meurtre et ses apologistes.

Maintenant, qu'a fait l'auteur de l'article incriminé? Il connaissait M. de Bonnechose et sa famille. N'était-il pas naturel qu'il témoigna sa douleur d'une fin aussi tragique, aussi prématurée. On est libre sans doute de donner quelques larmes au souvenir de ses amis; et il nous semble que l'auteur de l'article incriminé a usé de ce droit avec une convenance parfaite. Il n'a rien dit qu'il ne pût répéter, ou qui n'eût dejà été dit par tous les journaux de toutes les couleurs.

Et cependant l'accusation signale dans cet article plusieurs délits à la fois.

Vous avez d'abord, dit-elle, provoqué au crime et à la désobéissance aux lois. Loin de là, nous avons au contraire dénoncé les auteurs d'un crime. Nous avons protesté en faveur de l'exécution des lois indignement violées. Nous nous sommes récriés contre l'envahissement d'une troupe de soldats qui pénètre la nuit dans le domicile d'un citoyen, sans être assistée du magistrat civil. Nous avons rappelé les prescriptions pénales. Nous nous sommes plaint de l'oubli qu'on en a fait, et nous avons encore mis nos plaintes sous l'invocation de la loi. Au nom de la loi, nous avons demandé vengeance d'un horrible assassinat.

L'accusation ajoute : Vous avez excité au mépris et à la haine du gouvernement. Nous répondons : Non, nous n'avons pas voulu exciter à la haine et au mépris du gouvernement. Nous nous sommes bornés à raconter un fait dont nous pourrions vous offrir la preuve ; et si, comme vous l'affirmez, le récit de ce fait peut rendre le gouvernement odieux ou méprisable, la responsabilité n'en pèse pas sur nous. Malheur au gouvernement contre lequel la vérité peut devenir un titre à la haine et au mépris public.

L'accusation ne s'arrête pas là : Vous avez, nous dit-elle, cherché à troubler la paix publique, en excitant encore le mépris et la haine contre une classe de personnes, c'est-à-dire, les militaires français. Ce reproche est un de ceux qui a le plus profondément blessé celui auquel il s'adresse. L'auteur de l'article est sorti des rangs de l'armée française. Il a long-temps porté l'épaulette, comme il vous l'apprend lui-même. Il a mangé le pain du soldat; il l'a vu, suivi, observé dans les diverses situations d'une noble carrière; et il sait, par sa propre expérience, tout ce qu'il y a de courage et de grandeur dans l'âme des soldats français. Et vous voudriez qu'un pareil homme se fût rendu coupable, envers ses camarades, d'une honteuse calomnie? Non, la chose est impossible. Les termes même de son article repoussent une supposition de ce genre; car il se plaît à rendre hommage « *aux militaires, chez qui l'on retrouve tou-* » *jours, dit-il, les traditions du véritable* » *honneur.* »

Enfin, l'accusation, préoccupée de l'objet qu'elle se propose, s'aveugle jusqu'à ce point, d'incriminer dans notre article des phrases qui n'y sont pas. Ainsi, elle reproche à l'auteur *d'avoir présenté les hommes, se levant dans la Vendée contre les lois et l'ordre public, comme des héros affrontant le martyr et la mort pour le triomphe d'un parti opposé au souverain que s'est donné la France.* L'auteur n'a rien dit de tout cela. Pourquoi lui prêter ces paroles? Et, en tout cas, eût-il tenu les paroles qu'on lui prête, ne pourrait-il pas répondre, avec raison, qu'il est toujours permis à des hommes de cœur de livrer leurs têtes, plutôt que leurs consciences, et qu'en matière de conviction politique ou religieuse, chacun est libre de se sacrifier comme il l'entend, pourvu qu'il n'offense en rien la morale éternelle. Ce genre de dévouement honore quelquefois ses victimes; et l'Europe, qui admire les efforts de la Pologne catholique, n'a pas oublié non plus ces populations Vendéennes, qui, maîtresses de leur sort, apprirent à mourir, et ne s'abjurèrent pas.

Il est donc suffisamment démontré que l'article relatif à la mort de M. de Bonnechose n'a rien de répréhensible; loin de là. Cependant, faisons encore sur ce point délicat un dernier rapprochement.

Dans le cours du mois d'août 1822, plusieurs jeunes gens furent traduits aux assises de la Seine. Ils étaient accusés d'un complot contre l'ordre de choses existant à cette époque. Les conjurés avaient été arrêtés le poignard à la main. Le Jury se vit enchaîné par l'évidence des faits. Une condamnation capitale fut rendue contre quatre des accusés. Les magistrats étaient émus; le jeune Bories, chef des conjurés, avait entendu son arrêt de mort avec calme. Il brisa les cœurs dans tout son auditoire. Le lendemain, tous les journaux rendirent compte de ces tristes détails. Leurs expressions furent vives, passionnées, douloureuses. L'attendrissement public obtint son libre cours; et cependant un long procès avait eu lieu; et une loi, quoique sévère, avait été régulièrement appliquée.

Ici, il n'y avait aucune condamnation juridique: M. de Bonnechose n'était pas même sous le coup d'une mise en prévention; il fuyait les poursuites d'une police ombrageuse, qui, sans motif connu, s'acharnait sur ses pas. Il avait été reçu dans une ferme, où il passait la nuit. Le fermier paya de sa vie les devoirs de l'hospitalité. Le jeune de Bonnechose fut presqu'en même temps frappé du coup mortel. Le souvenir de cette victime innocente, immolée sur le seuil de de la vie, nous a arraché de pieuses larmes, et ces larmes sont devenues le titre de notre accusation. La mère de M. de Bonnechose lui a survécu; elle a quitté sa demeure de Versailles. Elle erre dans les provinces; partout elle redemande son fils. Eh! bien, que l'on requiert aussi des peines contre cette infortunée, et il ne manquera plus rien aux rigueurs de la poursuite. Les mères désormais ne pourront plus pleurer. Les regrets de l'amitié seront un acte de sédition et la pitié elle-même, transformée en délit, rentrera dans les cœurs, crainte du châtiment........ C'est assez.

(*L'avocat discute en peu de mots le chef d'accusation d'offense à la personne du Roi; et il improvise la fin de sa plaidoirie, dans les termes suivans:*)

Messieurs,

Dans notre malheureux système de gouvernement, la Capitale absorbe tout; les provinces ne sont rien. Il faut anéantir, à tout prix, cette influence désastreuse d'une ville unique, qui attire à elle seule tout le bien de la France : il faut enfin briser cette chaîne détestable. Eh bien! la *Gazette d'Auvergne* a été créée pour combattre, sans cesse, cette centralisation dévorante, cette centralisation parisienne, la plus grande plaie, comme la plus grande honte de la France. Elle remplit sa mission avec zèle; et ses efforts, jusque-là, n'ont pas été impuissans; ce qui le prouve, c'est le procès lui-même contre lequel nous nous défendons.

Du reste, ce n'est pas ici un individu, c'est une classe entière, ce sont vos concitoyens les plus honorables, qui sont eux-mêmes mis en cause dans la personne du gérant d'un Journal qui exprime leur doctrine, leurs convictions, leurs vœux.

Ces citoyens vous sont connus : On les insulte, on les outrage; de petits hommes, à petite intelligence, des âmes rétrécies, qui ne comprennent pas qu'on puisse avoir une opinion différente de la leur, se demandent par fois: ces légitimistes, que sont-ils? Des fanatiques, des insensés; que sais-je, des méchans, des ennemis de la patrie. Calomnie! horrible calomnie! Ces légitimistes, que vous déchirez sans pudeur, sont d'une conscience pure; et dans les calamités publiques, vous n'hésitez pas de faire un appel à leur patriotisme; vous les placez à la tête des entreprises de charité, par ce que vous êtes sûrs de leur empressement à faire le bien public.

On peut accepter sans crainte, avec de semblables hommes, la solidarité de leurs prétendus crimes. Eh bien! oui, tous les journaux l'ont déjà répété! Oui, les meurtriers de Bonnechose furent des assassins; oui, nous avons foi dans un autre ordre de choses; et, certes, nous ne sommes pas si honorés à l'étranger, si heureux dans l'intérieur, pour qu'il ne soit pas permis à la France d'espérer en un meilleur avenir. Vous apprécierez, dans votre conscience, ces articles incriminés; vous sonderez vos cœurs, vous acquitterez les prévenus; et en les acquittant, vous rendrez pleine justice;

vous sauverez la liberté, vous vous sauverez vous-même.

OBSERVATION.

Quelques amis, dévoués au *juste milieu*, et dont j'honore pourtant beaucoup le caractère et la personne, m'ont reproché d'avoir dit en improvisant à la Cour d'Assises: *Ce gouvernement dont les jours sont comptés.......* Ma phrase, comme on le voit, était inachevée, et ma pensée incomplète. Cependant, M. le Président crut devoir m'interrompre : *Est-ce vous qui avez compté ses jours ?* me dit-il. J'allais répondre : *Non, monsieur le Président ; mais c'est la Providence qui a compté les jours de ce gouvernement, comme elle compte les vôtres, comme elle compte les miens, comme elle compte ceux de tout ce qui existe.* Je fus empêché de faire cette réponse; je me bornai à quelques explications nécessairement insuffisantes; et mes confrères ayant pris la parole, je n'eus plus qu'à demeurer spectateur des débats.

Je m'étonne, d'ailleurs, que ma pensée

ait été si sévèrement blâmée, car je la trouve tous les jours dans les journaux de l'opposition. Le *National*, notamment, la reproduit sous toutes les formes, et dans les termes d'une logique inexorable, sa logique accoutumée. Cependant, les articles du *National* parcourent toute la France ; ils fixent l'attention de tous les hommes sérieux ; et personne, du moins je le crois, ne songe à les considérer comme étant en dehors d'une discussion permise.

Ces courtes observations justifient suffisamment, je l'espère, la pensée que j'avais émise dans l'improvisation ; pensée qui, en tout cas, ne se présentait pas sous une forme hostile, et que je croyais avoir le droit d'exprimer, avec d'autant plus de raison, que le gouvernement, sans doute, n'a pas la prétention d'être éternel pas plus que les gouvernemens qui l'ont précédé ou que ceux qui le suivront.

RIOM. — IMPRIMERIE DE THIBAUD.

www.ingramcontent.com/pod-product-compliance
Ingram Content Group UK Ltd.
Pitfield, Milton Keynes, MK11 3LW, UK
UKHW031954260826
14628UKWH00005B/2055

9 782014 112023